V. S 492.
R. 123.

A conserver

Bar Sylvan Maréchal

CHANSONS
ET POËMES
ANACRÉONTIQUES.

A MES AMIS.

I.

D'Epicure & d'Anacréon,
De loin, de loin, suivant les traces,
Et tout-bas invoquant les Graces,
Mon bonheur vint d'une Chanson.

A

Amis ! recordez mes leçons
Sur les genoux de vos Bergères :
Lifez mes Tablettes légères ;
Amour en dicta les Chanfons.

D'autres, par les plus nobles tons,
Immortalifent leur génie :
Plus heureux qui, toute fa vie,
Feroit l'Amour & des Chanfons.

I I.

CONSIGNE

A MON PORTIER.

De ma maison Gardien fidèle,
Toi, dont les plus riches cadeaux
N'ont jamais corrompu le zèle ;
Voici ta consigne en deux mots.

Chez moi si l'aveugle Fortune,
Par hasard, un jour, veut entrer;
Si l'Ambition importune,
Jusques-à moi veut pénétrer;

―――――

N'ouvres point : toujours à leur suite
Vole l'essaim des noirs soucis;
Elles mettroient bientôt en fuite
Le Bonheur, la Paix & les Ris.

―――――

A la porte s'il se présente
Un bel Enfant, au doux souris,
Dont la voix est intéressante,
Le jeune Amour, fils de Cypris :

―――――

Ami! reçois bien fa vifite :
C'est pour notre bonheur commun.
A toute heure, ouvres-lui bien vîte;
L'Amour n'est jamais importun.

───────────

Si la Sageffe avoit envie
De me parler; fans la chaffer,
Dis-lui que ton Maître la prie
D'attendre, ou bien de repaffer.

I I I.

LA POÉTIQUE
DE L'AMOUR.

CROYEZ-EN mon expérience;
Amans ! hâtez-vous lentement :
Modérez votre effervescence;
Ne brusquez pas le dénouement.

Filez l'Amour de scène en scène,
Comme au théâtre fait l'Auteur;
Mais sur-tout, sans cesse en haleine,
Ne laissez rien prévoir au cœur.

Marchez de surprise en surprise;
Que toujours croisse l'intérêt !
Et jusqu'à la dernière crise,
Que chaque chose ait son effet !

Que, fidèles aux convenances
Jusques à la conclusion,
La dernière des jouissances
Conserve encor l'illusion !

IV.

A UNE FEMME
BEL-ESPRIT.

Sur les bancs poudreux de l'école,
Je n'aimerois pas à te voir,
Dans les volumes de Bartole,
Puiser un pénible savoir.

Ne prise pas tant la science ;
Ève sait ce qu'elle a coûté.
Il est une aimable ignorance
Qui sied bien mieux à la Beauté.

―――――

La Beauté souvent n'est savante,
Hélas ! qu'aux dépens de son cœur.
Qu'une Agnès est intéressante !
On préfère à tout sa candeur.

―――――

Pallas, de tous les Arts la mère,
N'obtint cependant pas le prix ;
Vénus, qui ne savoit que plaire,
Le reçut des mains de Pâris.

―――――

Les Neuf Sœurs font encore pucelles,
Malgré leurs sublimes esprits :
Moins savantes, nos Immortelles
Auroient pu trouver des maris.

Hortense ! une longue lunette,
Qui fatigueroit tes beaux yeux,
T'iroit plus mal qu'une navette
Entre tes doigts industrieux.

Ta bouche, (notre idolâtrie !)
Faite pour le propos badin,
Deviendroit-elle plus jolie
Quand tu saurois parler latin ?...

L'Aigle altier porte le tonnerre ;
Dans les Cieux il a son séjour :
La Colombe rase la terre ,
Et n'est faite que pour l'Amour.

V.

ROMANCE EROTIQUE.

Viens, ma Zulmé,
Dans les bras de ton Bien-aimé
D'amour confumé!
En ces lieux,
Soyons heureux,
Deux.

Ce gazon eſt ſi frais !
Peut-on voir ombrage plus épais ?
Le ſoir d'un ſi beau jour
Doit-il être perdu pour l'Amour ?....

Viens, ma Zulmé,
Dans les bras de ton Bien-aimé
D'amour conſumé !
En ces lieux,
Soyons heureux,
Deux.

L'Etoile du Berger
Luit pour nous dans ce charmant verger.
Hâtons-nous de cueillir,
Parmi ces fleurs, celle du Plaiſir....

Viens, ma Zulmé,
Dans les bras de ton Bien-aimé
D'amour confumé !
En ces lieux,
Soyons heureux,
Deux.

———

Preffe-moi fur ton fein ;
Sens mon cœur palpiter fous ta main ;
Par tes baifers ardens,
Partage le trouble de mes fens.

Viens, ma Zulmé,
Dans les bras de ton Bien-aimé
D'amour confumé !
En ces lieux,
Soyons heureux,
Deux.

VI.
L'AMOUR, L'INNOCENCE, ET LE PLAISIR.
Apologue.

L'Amour rencontra l'Innocence
Sur le seuil d'un étroit parvis;
D'un droit égal de préséance
Chacun d'eux se montroit épris :
Long-tems, long-tems ils disputèrent;
Un Tiers survint pour les unir :
L'Innocence & l'Amour cédèrent
A la douce voix du Plaisir.

VII.

LES BAISERS.

Donne-moi, Zelmire, un baiser!
Non, de ces baisers de famille,
Qu'à sa mère, pour l'appaiser,
Prodigue la discrette fille,
Quand elle convoite un époux;
Non, de ces baisers d'hyménée
Que pour les maris d'une année
L'habitude rend si peu doux;

Non, de ces baifers d'étiquette,
Que l'on fe donne à certain jour,
Et qu'à pareil jour on répète :...
Donne-moi des baifers d'Amour.

VIII.

LA PREUVE PAR TÉMOINS.

Il faut des preuves en Amour ;
Jamais on ne vous en dispense :
Pour être payé de retour,
Il faut prouver ce qu'on avance.

Les Femmes, dit-on, font crédules ;
Jeunes Amans, n'en croyez rien :
Prouvez, prouvez : c'eſt le moyen
De lever bientôt leurs ſcrupules.

———————

Malheur à l'Amant qui ſe trouve
De bonnes preuves dépourvu :
La Beauté croit, quand elle a vu ;
Qu'on eſt éloquent, lorſqu'on prouve !

IX.

LA LEÇON D'AMOUR.

Qu'est-ce qu'*Amour* ? me demandoit Zelmire.
Regarde-moi... Tu le vois dans mes yeux.
Si tu voulois tendrement me sourire,
Je le verrois dans les tiens encor mieux.

En un instant je le lui fis connaître;
Un doux baiser fut ma leçon d'amour:
Zelmire alors m'adopta pour son maître,
Et fut, dans peu, ma maîtresse à son tour.

X.

LA VÉRITABLE GÉNÉALOGIE DE L'AMOUR.

On croit l'Amour frère des Graces:
(Les Grecs l'ont écrit les premiers;
Et nos aimables Chansonniers
Se sont traînés tous sur leurs traces).
Suivant les Mémoires secrets
De Gnide, Paphos & Cythère,
Il leur touche encore de plus près;
Des Sœurs la plus jeune est sa mère.

Euphrosine aimoit le raisin ;
On étoit alors en Automne ;
Prête à fermenter dans la tonne,
La grappe offroit un mêts divin.
La jeune Grace fut tentée :
Bacchus, qui l'aimoit, la surprit ;
Et comme il voulut, il punit
Notre Euphrosine épouvantée.
Du châtiment Amour naquit ;
Et fidèle à son origine,
C'est dans la cuve de Bacchus
Qu'il donne une trempe divine
Aux traits dont il blesse Vénus.

XI.
A UN CRITIQUE.

Froid Pédagogue des Neuf Sœurs,
Toi qui soumets tout à l'équerre;
Pâle Anatomiste d'Auteurs,
Dissèque les Héros d'Homère;
A Vénus cherche des défauts,
Et des taches à sa ceinture;
Blâme un écart de la Nature;
Puriste, fais la guerre aux mots:
Ma Muse craint peu ta férule;
Mes Vers, enfans du Sentiment,
Ont touché la naïve Ursule:
Je suis aimé.... J'ai du talent.

XII.

A MÉLITE.

Tu ne sais pas les retenir,
Ceux qui s'empressent sur tes traces :
Mélite ! à l'attrait du plaisir,
Que ne joins-tu celui des Graces !

Ma blessure n'est pas mortelle ;
Un seul jour passé près de toi
M'a rendu tout-à-fait à moi :
Je te crains peu ; tu n'es que belle.

XIII.

EPITAPHE ÉPICURIENNE

D'un jeune-homme nommé Couplet.

La coupe frêle de la vie,
Au commencement du banquet,
Las! fut indignement ravie
A notre jeune ami *Couplet;*
Il eût été convive aimable :
O Mort! contre qui rien ne sert;
Pourquoi si-tôt l'ôter de table?
Tu pouvois attendre au dessert.

XIV.

LA MAUVAISE NUIT.

Je te quittois, jeune Bergère,
En me rappelant tes appas:
L'Amour, d'une marche légère,
A mon infçu, fuivoit mes pas.

J'entre dans mon humble demeure;
Avec moi se glissa l'Enfant.
De sommeiller il étoit heure;
Je gagne ma couche, en rêvant.

Loin de soupçonner quelque feinte,
La porte fermée aux verroux,
Rideaux tirés, bougie éteinte,
J'espérois un sommeil bien doux.

Me croyant seul en ma couchette,
J'étois tranquille. A mon chevet,
L'Amour tapi long-temps me guette,
Et, l'arc en main, prépare un trait.

Pour me frapper, le petit traître
Attend un favorable inſtant :
Las ! il ſe fit bientôt connoître ;
L'Amour me ſurprit en dormant.

Je m'éveille au coup ; je murmure,
Et le crois un ſonge impoſteur :
Mais je ſens bientôt la bleſſure,
En mettant la main ſur mon cœur.

» Le coup étoit inévitable » — ,
(dit l'Amour, avec un ſouris.)
— » Mais la plaie eſt-elle incurable ? —
» Va le demander à Neris ».

X V.
AU MANTELET
DE ZULMÉ.

Toi, le tourment des yeux de la Licence,
Près de Zulmé, reprends ton doux emploi,
Voile tissu des mains de la Décence;
La Modestie a trop besoin de toi.
A nos regards la Vertu toute nue,
N'en étoit pas moins belle au Siècle d'Or;
Quoique sans voile, une Nymphe ingénue
  Ne savoit point rougir encor.

A ce bel âge, où nous aurions dû naître,
O ma Zulmé ! fuccèdent d'autres mœurs :
Las !... l'Innocence ofe à peine paroître,
Par-tout en proie aux regards corrupteurs.
Reprends ton voile, & règles-en l'ufage :
Fermé toujours au libertin fans loix,
Que pour l'Amant, auffi tendre que fage,
Il foit entr'ouvert quelques fois.

———

XVI.

A UN RIVAL FINANCIER.

Garde ton or, ta véritable idole,
Digne en effet du Sacrificateur;
Vis pour toi seul; végètes! c'est ton rôle...
Mais pour aimer il te faudroit un cœur.

Avec de l'or tu voudrois des Maitresses!...
A ton pouvoir mesures tes desirs....
Je ne suis point jaloux de tes richesses;
Pourquoi l'es-tu de mes tendres plaisirs?

―――

Tu n'es que riche : aux yeux de ma Bergère,
Dans un amant il faut d'autres appas.
Crois-moi! l'or seul ne suffit pas pour plaire;
Qu'espères-tu ? l'Amour ne se vend pas.

XVII.

BILLET D'INVITATION.

Je viens, Zulmé, de rencontrer l'Amour.
Ce Dieu m'a dit tout-bas, avec myſtère,
Qu'il ſe propoſe, à la chûte du jour,
De t'aller voir à l'inſçu de ſa mère.
Défends ta porte, & ſois ſeule pour lui ;
Je t'en préviens ; il veut du tête-à-tête :
Il m'a tout l'air de ſavoir qu'aujourd'hui
De ma Zulmé ce doit être la fête.

XVIII.

L'AMOUR ET L'AMITIÉ.

Hélas! j'ai mal gardé mon cœur;
L'Amour, qui n'y vit point d'escorte,
S'en empara, pour mon malheur,
Pendant que j'en ouvrois la porte
A l'Amitié, sa foible sœur.
Comment faire pour qu'il en sorte?

XIX.
VERS ÉLÉGIAQUES.

Qu'est devenu cet heureux temps
Où les Femmes étoient fidèles,
Où leurs amis étoient conſtans ?
Hélas ! Depuis ces jours charmans,
L'Amour laiſſa croître ſes aîles :
Eſt-il devenu plus heureux ?
Eſt-il devenu plus aimable ?...
Vains regrets ! Souvenirs fâcheux !....
Mais l'Age d'Or eſt une fable.
Tout ici bas eſt pour le mieux,

Et nous valons bien nos ayeux ;
Comme nous, ils étoient volages :
Comme eux aimons, changeons comme eux,
Et nous ne ferons pas plus fages
qu'un jour le feront nos Neveux.
A cette morale commode
J'entends qu'on applaudit tout-bas.
Le Sage même ne l'eſt pas,
Quand feul il s'oppofe à la mode.
La Prude, en pouſſant un *Hélas*,
Seule, va feindre la colère,
Et me blâmera de changer ;
Mais qu'on me trouve une Bergère,
Et je redeviendrai berger.

X X.

LE CALCUL IMPOSSIBLE,

o u

LES BAISERS DE DORAT.

En souriant, avec mystère,
Combien de fois t'ai-je embrassé ?
Me demandoit, un jour, Glycère :
» De te le dire, ma Bergère,
» Je serois bien embarrassé.

» Je connois un joli Poëte
» qui t'en rendroit bien mieux raison,
» S'il pouvoit faire ta conquête :
» Pour chaque baiser, de sa tête
» Il fait éclore une chanson.

» Mais je crois pénétrer son ame ;
» Il n'aime que pour s'en vanter :
» Ses baisers ne font pas de flamme,
» S'il a le temps de les compter,
» S'il a l'esprit de les chanter ».

XXI.
ZULMÉ,
Pendant le sommeil de son Ami.

Dans les bras de celle qui t'aime,
Mon bon ami! Sommeille en paix!
Et sous l'aîle de l'Amour même,
Repose à l'abri de ses traits!
Dors, Dors! mais, pour prix de mon zèle,
Dans tes rêves trop agités,
A ta Zulmé toujours fidèle,
Ne fais point d'infidélités!

XXII.

LA SURPRISE.

Dans ma retraite, ma Silvie
(Le jour à peine étoit venu)
De me visiter eut envie,
Mais sans m'en avoir prévenu.

Elle entre... O cruelle difgrace!
Elle apperçoit, autour de moi,
Neuf Beautés, filles du Parnaffe.
Quel fut notre commun effroi!

―――――

D'abord, de fa bouche implacable,
Sortent les mots les plus piquans :
Je fuis un perfide, un coupable,
Qui me ris de tous les fermens.

―――――

» Silvie, Ah! ceffez de vous plaindre;
(Dit Erato.) » N'ayez jamais
» D'autres rivales plus à craindre,
» Et vous ferez toujours en paix...

» Lis ces Vers, jalouse Bergère,
» Et dans chacun vois-y ton nom ;
» Ton fidèle amant, pour te plaire,
» Des neuf Muses prenoit leçon «.

───────────

Silvie, aussi-tôt avec elles
Fit sa paix, &, depuis ce jour,
Les complaisantes Immortelles
Daignent veiller sur notre amour.

XXIII.

LA VIE ET LA MORT,
Romance historique.

A PEINE, depuis une année,
    Daphné, Daphnis,
Sous l'heureux joug de l'Hyménée,
    Etoient unis.
Attendant l'heure d'être mère,
    Déjà Daphné
Faisoit le trousseau nécessaire
    au Nouveau - né.

Formant mille projets d'avance
    Pour son enfant,
Daphnis, bercé par l'espérance,
    Alloit disant :
Encor plus heureux que son père
    Simple pasteur,
Si c'est un fils, je veux en faire
    Un Laboureur.

———

Qu'aisément l'espoir nous transporte!
    C'est un besoin.
Le Malheur est à notre porte ;
    On le croit loin.
Hélas ! une fièvre brûlante
    Frappe l'époux ;
Dans ses veines le sang fermente :
    Daphné ! Quels coups !

———

Oh ! quelle déchirante image
  Offrent tous deux !
Ou trouver un meilleur Ménage
  Plus malheureux ?
Daphné fe trouve veuve & mère
  Au même inftant,
Et fon cher époux fe voit père
  En expirant.

Daphnis, atteint du coup funefte,
  Veut, à grands cris,
Pour le feul inftant qui lui refte,
  Veut voir fon fils : ...
Tiens ma place auprès de ma femme,
  Sois mon lien !
Avec ce baifer, prends mon ame,
  Pour l'aimer bien.

En difant ces mots, il embraffe
Son premier Né ;
D'un bras défaillant il t'enlace,
Pauvre Daphné !
Dernier gage de fa tendreffe !
Daphnis n'eft plus....
Quels cœurs apprendront ta détreffe,
Sans être émus ?

XXIV.

MA VIE.

Veut-on savoir quelle est ma vie ?
A quelque historien fameux
Si de l'écrire il prend envie,
Il sera peu volumineux.

Et ma science, & mon syſtême;
Et mes projets & mes deſirs;
Mes plus grands faits, mes doux plaiſirs;
Tout ſe réduit à ce mot: *J'aime.*

Toi, qui ſeule m'occupera
Dans tous les inſtans de ma vie;
Après ma mort, tendre Silvie,
Ecris ſur ma tombe: *Il aima.*

TABLE.

N. B. *Beaucoup d'autres airs vont sur les paroles de la plupart de ces Chansons. Celles en rimes & en vers irréguliers sont susceptibles peut-être d'exercer la verve de quelque Compositeur bénévole.*

I. A MES Amis. Page 1.

II. Consigne à mon Portier. Airs : *Un jour, me demandoit Hortense;* ou *Dans un bois solitaire & sombre; Les Amours d'été; A l'ombre de ce verd boccage.*

III. La Poétique de l'Amour. Airs : *Je l'ai planté, je l'ai vu naître ;* ou *Du Serein qui te fait envie.* 6

IV. A une Femme bel-esprit. Airs : *Un jour, me demandoit Hortense ;* ou *Dans un bois solitaire & sombre.* 8

V. Romance érotique. Air : *Sous un ormeau.* 12

VI. L'Amour, l'Innocence, & le Plaisir. Air : *du Vaudeville d'Epicure.* 15

VII. Les Baisers. 16

VIII. La Preuve par témoins. 18

IX. La Leçon d'amour. Airs ; *Dans nos*

hameaux, la paix &c. ou la Romance des deux Jumeaux. 20

X. La Véritable Généalogie de l'Amour. 21

XI. A un Critique. 23

XII. A Mélite. 24

XIII. Epitaphe épicurienne d'un jeune homme nommé *Couplet.* 25

XIV. La Mauvaise Nuit. Air : *Dans un bois solitaire & sombre.* 26

XV. Au Mantelet de Zulmé. 29

XVI. A un Rival Financier. Airs : *Quoi ! vous partez...* ou *La jeune Iris, la fleur de nos Campagnes.* 31

XVII. Billet d'Invitation. Air... 33

XVIII. L'Amour & l'Amitié. 34

XIX. Vers élégiaques. 35

XX. Le Calcul impossible, ou les Baisers de Dorat. 37

XXI. Zulmé, pendant le sommeil de son Ami. Air *des Amours d'été.* 39

XXII. La Surprise... Airs : *les mêmes.* 40

XXIII. La Vie & la Mort, romance historique. Airs : *Il faut aimer* ; ou *O ma voisine ! es-tu fâchée ?* 43

XXIV. Ma Vie. 47

www.ingramcontent.com/pod-product-compliance
Lightning Source LLC
LaVergne TN
LVHW050626090426
835512LV00007B/692